Fabian Repper

Archestratos empfiehlt

Rezepte seiner kulinarischen Reise entlang der Mittelmeerküste im 4. Jh. v. Chr.

Mit Zeichnungen von Theresa Kamp

Impressum

64 Seiten mit 76 Abbildungen und einer Karte

Titelabbildung: Archestratos an der Mittelmeerküste. Zeichnung © Theresa Kamp; Illustration im Hintergrund © hjwiehr, Oppenheim.

Karte S. 4–5: Karte der römischen und griechischen Welt mit den markantesten Städten der Zeit aus heutiger Sicht.

Bibliografische Information der Deutschen Nationalbibliothek
Die Deutsche Nationalbibliothek verzeichnet diese Publikation in der Deutschen Nationalbibliografie; detaillierte bibliografische Daten sind im Internet über http://dnb.dnb.de abrufbar.

ISBN 978-3-96176-249-1

Lektorat: Tina Sieber

Korrektorat unter Mitwirkung von: Theresa Kamp, Julia Schangin

Gestaltung des Titelbildes: hjwiehr, Oppenheim

Gestaltung: alles mit Medien, Anke Enders, Sprendlingen

Printed in Europe by Nünnerich-Asmus Verlag & Media

Weitere Titel aus unserem Verlagsprogramm finden Sie unter:
www.na-verlag.de

Inhalt

UNGARN
SLOVENIEN
KROATIEN
BOSNIEN
SERBIEN
MONTENEGRO
KOSOVO
MAKEDONIEN
ALBANIEN
GRIECHENLAN
ADRIATISCHES MEER
KORSIKA
ROM
ITALIEN
SARDINIEN
TYRRHENISCHES MEER
AMBRAKIA
HIPPONIUM
SIZILIEN
KARTHAGO
IONISCHES MEER
SYRAKUS
MALTA
TUNESIEN
MITTELMEER
LYBIEN
GROSSE SYRTE

RUMÄNIEN
SCHWARZES MEER
ULGARIEN
BYZANZ
THASOS
DARDANELLEN
LESBOS
ERESOS
TÜRKEI
LYDIEN
CHIOS
KARYSTOS
KARIEN
IASOS
KYKLADEN
GOLF VON
ANTALIYA
SYRIEN
RHODOS
KRETISCHES MEER
ZYPERN
PHÖNIZIEN
KRETA
LIBANON
JORDANIEN
ISRAEL
ÄGYPTEN

Vorwort

Denken wir an die alten Griechen, denken wir an ihre Bauwerke, an ihre Sportwettkämpfe, an ihre Theaterstücke, an ihre Philosophie, an ihre Demokratie – an ihre Kochbücher wohl kaum. Dabei ist das Thema nach wie vor aktuell: Ein gutes Essen haben wir alle gerne. Im Internet findet man eine Vielzahl von Reiseblogs unternehmungslustiger Menschen, die Rezepte der Speisen ferner Länder teilen. So stellte sich mir irgendwann die Frage: Was haben eigentlich die alten Griechen gegessen und wie haben sie gekocht?

Gehen wir auf der Suche nach einer Antwort an den Beginn der griechischen Literatur zurück, zu Homer, fällt einem das Essen zu Hektors Leichenfestspielen ein, mit dem die „Ilias" (circa 670–640 v. Chr.) endet:

Ἦ καὶ ἀναΐξας ὄιν ἄργυφον ὠκὺς Ἀχιλλεὺς σφάξ'·
ἕταροι δ' ἔδερόν τε καὶ ἄμφεπον εὖ κατὰ κόσμον,
μίστυλλόν τ' ἄρ' ἐπισταμένως πεῖράν τ' ὀβελοῖσιν,
ὤπτησάν τε περιφραδέως, ἐρύσαντό τε πάντα.
Αὐτομέδων δ' ἄρα σῖτον ἑλὼν ἐπένειμε τραπέζῃ
καλοῖς ἐν κανέοισιν· ἀτὰρ κρέα νεῖμεν Ἀχιλλεύς.
οἱ δ' ἐπ' ὀνείαθ' ἑτοῖμα προκείμενα χεῖρας ἴαλλον.

„Sprach so und sprang auf Achill und schlachtete gleich drauf ein weißes
Schaf, das häuteten dann und bereiteten zu die Gefährten,
schnitten es fachgerecht klein und steckten es dann auf die Spieße,
brieten es drauf mit Umsicht und zogen alles herunter.
Und Automedon griff nach dem Brot und verteilte in schönen
Körben es auf dem Tisch, doch das Fleisch verteilte Achill.
Und sie streckten die Hände aus nach den Speisen vor ihnen."

// Ilias, 24. Buch, V. 621–627

Übersetzung: Kurt Steinmann, Ilias. Prachtband im Schuber mit Illustrationen von Anton Christian, mit einem Nachwort von Jan Philipp Reemtsma. 2017, S. 468.

Demnach haben die homerischen Helden Fleisch gegessen, das auf Spieße gesteckt, gebraten wurde. Dazu wurde Brot gereicht. Mehr jedoch will uns Homer nicht verraten. In den wenigen Versen über Fleisch, das bei Gastmahlen gegessen, und Wein, der beim Trinkgelage getrunken wurde, erfahren wir fast nichts darüber, woraus, geschweige denn, wie die Speisen zubereitet wurden: Homers Dichtungen enthalten kein einziges Kochrezept. Reisen wir weiter durch die Geschichte, stoßen wir circa 330 v. Chr. auf die Dichtung „Ἡδυπάθεια" (Hedypatheia, dt. Leben im Luxus) von Archestratos. Abgesehen von Mithaikos aus Syrakus (5. Jh. v. Chr.), von dem vier Fragmente erhalten sind, ist Archestratos der erste Autor überhaupt, von dem Texte zur Essenszubereitung überliefert sind!

Getöpferter und handbemalter Fischteller des Autors in Anlehnung an eine apulische rotfigurige Fischplatte, 350–330 v. Chr. Privatbesitz.

Basierend auf 62 Fragmenten, die uns von seinem Werk erhalten sind, habe ich versucht, die Speisen zu rekonstruieren. Sie sind keine Rezepte im klassischen Sinne, die Mengenangaben und einzelne Zubereitungsschritte auflisten, sondern lediglich Empfehlungen zum Kauf bestimmter Zutaten sowie vereinzelte Hinweise zur Zubereitung – jedoch fast nur von Fisch, der bei Homer als Speise nicht vorkommt.

Schon seit Kindesalter koche und backe ich gerne und habe großen Spaß daran, neue Gerichte aus den Kochbüchern verschiedener Länder auszuprobieren und mir so einen Teil der landestypischen Kultur nach Hause zu holen. Vor diesem Hintergrund entstand mein Kochbuch, das mit dem 500 € Preisgeld dotierten Schülerwettbewerb „Pegalogos" ausgezeichnet wurde. Dieser Preis wurde mir im Oktober 2022 durch Staatsminister Prof. Dr. Michael Piazolo in der Glyptothek in München überreicht. Die Jury zeigte sich von der Ausarbeitung meines Kochbuches beeindruckt, das durch den historischen Bezug und meiner Kreativität besteche. Sie erklärte, dass meine Einsendung sehr anschaulich zeige, dass die intensive Arbeit mit altgriechischen Texten auch in heutiger Zeit sinnvoll ist und eine Bereicherung darstellt.

Zeichnung einer fiktiven Szene: Archestratos auf dem Fischmarkt.

Neben den Rezepten enthält das Buch einige einleitende Texte, um den Leserinnen und Lesern ein Bild vom griechischen Alltag, im Speziellen der Küchenausstattung, den Festmählern und der Anrichteweise, zu geben.

Die Rezepte, die den Hauptteil des vorliegenden Werkes bilden, sind folgendermaßen aufgebaut: Zuerst wird das Originalfragment wiedergegeben, deren Nummerierung auf die Ausgabe „Archestratus. Fragments from the life of Luxury" von Shaun Hill zurückgeht. Danach folgen eine Zutatenliste und die Schilderung der Zubereitung. Wichtig ist zu bedenken, dass diese nur eine von vielen Möglichkeiten ist, das Fragment in ein Gericht zu verwandeln. Ich habe nur Zutaten verwendet, die zu Archestratos' Lebzeiten in Griechenland nachgewiesen wurden.

Da Archestratos keine Mengenangaben nennt, konnte ich sowohl bei den Zutaten als auch bei der Zubereitungsart vieles ausprobieren, habe viel experimentiert, was mir großen Spaß gemacht hat wie auch das Fotografieren der so entstandenen Gerichte. Einige dieser Fotos sind in diesem Buch abgebildet. Mich fasziniert an Archestratos besonders seine Überzeugung, dass die ortstypischen Gerichte aus wenigen regionalen Zutaten die besten sind.

Dieses Buch wäre niemals ohne die großartige Unterstützung meiner Familie entstanden, die mich während des gesamten Schaffens- und Veröffentlichungsprozesses begleitet hat. Besonders herausheben möchte ich meine Schwester Cornelia, die mich mit ihrer Begeisterung für die griechische Antike angesteckt hat. Ebenso gilt mein besonderer Dank Herrn Prof. Dr. Markus Janka, der durch seine Laudatio bei der „Pegalogos"-Preisverleihung den Anstoß gab, dieses Buch zu veröffentlichen.

Abschließend möchte ich mich noch bei Herrn Dr. Christian Gliwitzky, dem stellvertretenden Sammlungsdirektor der Staatlichen Antikensammlungen und Glyptothek in München, bedanken, der einige Objektfotos unentgeltlich für die Publikation zur Verfügung stellte. Ein ebenso herzlicher Dank gilt Frau Theresa Kamp für die eigens angefertigten Zeichnungen sowie dem Nünnerich-Asmus Verlag für die Aufnahme des Buches in das Verlagsprogramm.

Leider besteht keine Möglichkeit, die Düfte und Geschmäcker dieser Arbeit festzuhalten, aber vielleicht ist es mir gelungen, Ihre Neugier auf das eine oder andere Rezept zu entfachen und Sie zum Nachkochen zu animieren. Ich hoffe, dass Sie, liebe Leserinnen und Leser, beim Kochen der Gerichte aus meinem Buch „Archestratos empfiehlt" ebenso großen Spaß haben wie ich.

Fabian Repper

Archestratos und seine kulinarische Reise

Über Archestratos als Person ist fast nichts bekannt, außer dass er ein sizilianischer Grieche aus Syrakus oder Gela war. Beide Städte liegen in einer fruchtbaren Ebene und waren zu seinen Lebzeiten einflussreich. Sizilien, das oft als Insel der vielen Früchte bezeichnet wird, war für seinen Käse-Export bekannt. Was wir aber wissen: Archestratos war ein kritischer Feinschmecker. Um 350 v. Chr. erkundete er die Märkte des Mittelmeers und kostete die Spezialitäten vor Ort. Dazu bereiste er die ganze griechische Welt – Griechenland, Süditalien, Sizilien und die Küste Kleinasiens.

Reisen konnten zu Archestratos' Lebzeiten nur bestimmte Personengruppen: Händler, die auch in nichtgriechische Gebiete Verbindungen hatten, Söldner, Ärzte, Dichter, Philosophen und Rhetoriklehrer. Köche waren meist Sklaven und konnten nicht die Bildung erfahren haben, ein Gedicht schreiben zu können. Deshalb war Archestratos wohl kein Koch. Trotzdem kannte er sich bestens mit hochwertigen Produkten und Geschmackskombinationen sowie der richtigen Zubereitungsart aus.

Diese auf seinen Reisen gewonnenen Erkenntnisse hielt er in seinem Werk „Hedypatheia“ fest, das er etwa 330 v. Chr. verfasste. Zu Deutsch „Das Leben im Luxus“ – ein Gedicht, das in Versen geschrieben und kein Kochbuch im klassischen Sinne ist. Vielmehr wurde es zur Unterhaltung – zum Beispiel beim Symposion – vorgetragen. Dieses ist uns in 62 Fragmenten durch Athenaios von Naukratis in seinem „Δειπνοσοφισταί“ (Deipnosophistai, dt. Gastmahl der Gelehrten) von circa 200 n. Chr. überliefert.

Viele verlorene Werke der antiken Poesie sind bei mehreren Autoren in Zitaten erhalten – das ist hier nicht der Fall, da nur bei einem antiken Schriftsteller einzelne Sätze aus Archestratos’ „Hedypatheia“ zitiert werden. Diese Tatsache könnte den niedrigen Stellenwert von gastronomischen Lehrwerken in der Überlieferungsgeschichte zeigen.

Deshalb ist anzunehmen, dass es noch weitere Rezepte zur Zubereitung von Fleisch gab, und Fischgerichte nicht den größten Teil des Lehrgedichtes einnehmen, wie es aktuell den Anschein macht – von 54 Fragmenten geht es in nur drei Rezepten um die Zubereitung von Fleisch. Auch könnte etwas über Desserts geschrieben worden sein.

Eine Sache hat die Rekonstruktion der Gerichte erschwert: Archestratos gibt keine Rezepte als solche, sondern lediglich Anspielungen darauf, was ein Gericht enthalten könnte, von jemandem, der es nicht gekocht hat. Keines seiner Fragmente enthält Mengenangaben, Hinweise auf die Zutaten gibt es nur wenige. Die Zubereitung wird meist in einem kurzen Satz angegeben oder ganz der eigenen Entscheidung überlassen, Backzeiten oder -temperaturen werden nicht genannt. Oft beinhalten die Ratschläge eher, was man vermeiden sollte – wie die Zubereitung der Gerichte durch italienische Sklaven mit ihren fettigen Soßen oder schwere Gerichte aus Käse und Essiggurke – es sind also eher Tipps, wie das Gericht zubereitet oder gegessen werden sollte. Das schafft Raum für Experimente mit den Mengen der jeweiligen Zutaten und bietet die Chance, die Gerichte nach dem persönlichen Geschmack und den persönlichen Vorlieben, zum Beispiel in der Schärfe des Gerichts, zuzubereiten.

Zwei Fischer mit Netz, Angel und Fischbehälter auf der Vorderseite einer Pelike, H. 17 cm, 480/470 v. Chr. Wien, Kunsthistorisches Museum.

Großen Wert legt er auf die Qualität der Zutaten, darauf, dass die Fische frisch – am besten auf dem Markt vor Ort – gekauft werden. Dass er dies oft selbst macht, wird sofort klar: Er kennt sich aus, auch mit den ortsüblichen Bezeichnungen der betreffenden Zutaten und enthält sein Wissen den Leserinnen und Lesern nicht vor. So erfährt man unter anderem, dass in Chalcedon die Rotbarbe *„kleine Ionier“* (Frg. 13) genannt wird. Zudem gibt er Hinweise, welcher Zeitpunkt, welche Jahreszeit für den Fischkauf am besten bzw. am günstigsten ist. So solle man beispielsweise den Echten Bonito im Herbst, wenn die Plejaden untergehen, kaufen (Frg. 35). Sein Augenmerk liegt bei den Speisen auf den Meeresfischen, weniger auf den Flussfischen.

Beim Essen gab es große Unterschiede zwischen reich und arm: Für arme Leute war Brot und einfacher Brei das Hauptnahrungsmittel, dazu aßen sie Früchte und wildwachsende Pflanzen. Fisch hingegen war etwas Besonderes. Zwei griechische Worte beschreiben diese zwei unterschiedlichen Lebensmittel: *sitos* (σίτος) und *opson* (ὄψον).

Sitos sind die Kohlenhydratelemente Gerste und Weizen, *opson* hingegen hat starke Aromen und enthält Proteine und Vitamine. Ein *deipnon* (δεῖπνον) vereinte beide Komponenten. Archestratos positioniert sich ganz klar: Gemüse, Kichererbsen – das ist nichts für ihn. Er isst Fisch ohne Beilagen, die ja nur den Geschmack des Fisches abschwächen würden.

Von der Zutatenauswahl bis zur Tischdekoration – Eine Anleitung für ein gelungenes Abendessen

Küchengeräte und Geschirr

Im Grunde benötigte man für die Zubereitung der Speisen nichts weiter als einen aus Backsteinen und Ziegeln gebauten Herd mit einer Grube darunter, um ein Feuer zu machen. Dazu kam je nach Lebensstandard eine Pfanne aus Ton, oder – sogar noch besser – aus Kupfer (sie ähnelt unserem Grill; eine Metallpfanne, wie wir sie haben, findet sich erst bei den Römern) und Töpfe, die mit einem Dreifuß über das Feuer gehängt wurden.

Zeichnung eines mobilen Ofens mit Topf in Anlehnung an ein griechisches Original, 6./4. Jh. v. Chr. Athen, Antikes Agora Museum.

Um die notwendigen Zutaten zu zerkleinern, brauchte man einen Mörser und auch ab und an ein Sieb, um Soßen zuzubereiten. Einige Gerichte mussten zudem gestampft werden – eine ganz schöne Anstrengung ohne Küchenmaschine, wenn man nicht zu denen gehörte, die sich einen Sklaven als Koch buchen oder sogar in Vollzeit leisten konnten.

Feines Sieb aus Boscoreale, 1. Jh. n. Chr. München, Staatliche Antikensammlungen und Glyptothek.

Die fertigen Speisen wurden dann auf bemalten Terrakottatellern angerichtet und serviert. Um das Essen auch voll und ganz genießen zu können, durften die Gefäße für den Wein nicht fehlen: ein großes Gefäß mit Henkeln, Krater (κρατήρ), zum Mischen von Wein mit Wasser und eine Schöpfkanne, Oinochoe (οἰνοχόη), um daraus die Trinkgefäße, Skyphos (σκύφος) oder Kylix (κύλιξ), zu befüllen.

Zeichnungen (v. l. n. r.) einer Oinochoe, einer Hydria und eines Skyphos.

Verwendete Zutaten

Zur Zubereitung von Broten aller Art wurde Gerstenmehl verwendet. Olivenöl, Honig, Essig, Salz, Wein und konzentrierter Traubensaft bildeten die Grundlage aller übrigen Rezepte. Besonders gut eigneten sie sich zur Zubereitung von leichten Soßen. Oliven waren auch immer zur Hand und konnten eingelegt viele Monate gelagert werden.

Es wurden verschiedene Käsesorten verwendet, wie Ziegenkäse und Schafskäse, Ricotta und Pecorino Romano / Parmesan. Hinzu kamen Brennnessel, Lorbeerblätter, Anis, Ysop, Weinraute, Kreuzkümmel – dieser stammte ursprünglich gar nicht aus Griechenland, fand aber schon seit dem 8 Jh. v. Chr. Verwendung –, Oregano, Koriander, Silphium – wuchs nur in der Kyrenaika (im heutigen Libyen), war sehr kostbar und wurde in der Medizin eingesetzt – am besten frisch oder auch getrocknet als Kräuter und Gewürze. Und an Gemüse und Obst je nach Jahreszeit Kichererbsen, Bohnen, Fenchel, Oliven, Zwiebeln, Granatäpfel, Quitten, Feigen, Trauben, Johannisbeeren und Äpfel.

Tonfigur in Form einer Pastetenbäckerin,
H. 11 cm, 6. Jh. v. Chr. Paris, Musée du Louvre.

Olivenernte auf einer schwarzfigurigen Bauchhenkelamphora,
520 v. Chr. London, British Museum.

Weinempfehlungen zum Essen und Symposion

„Dann musst du einen alten Wein trinken aus Lesbos mit dem Meer ringsum. Ich lobe Bybline-Wein aus Phönizien, obwohl er nicht mit dem aus Lesbos gleichzusetzen ist. Wenn du ihn schnell probierst und vorher nicht kanntest, wird er dir duftender erscheinen als der aus Lesbos. Vom Geschmack her ist er jedoch sehr minderwertig und der Wein aus Lesbos wird seinen Rang einnehmen, der nicht wie Wein, sondern wie Ambrosia ist. Wenn mich einige Angeber verspotten, schenke ich ihnen keine Beachtung. Ich kenne auch die Trauben aus den anderen Städten. Ich könnte sie zitieren, sie loben, und tatsächlich sind mir ihre Namen gut bekannt. Aber die anderen sind neben dem Wein aus Lesbos einfach wertlos. Manche loben einfach gerne Produkte aus der eigenen Umgebung."

// **Frg. 59–60**

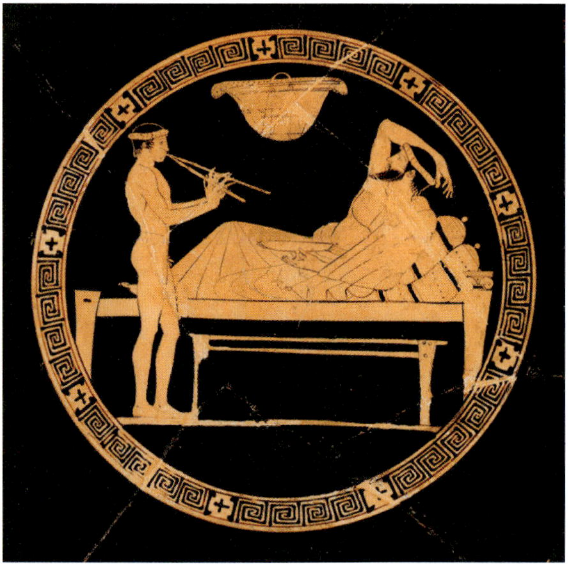

Bankettszene auf einer rotfigurigen Schale, 460–450 v. Chr. Paris, Musée du Louvre.

Wein wurde im Verhältnis 5:2 mit Wasser gemischt und mit Gewürzen verfeinert. Unverdünnt tranken ihn nur die Barbaren. Wein wurde in Amphoren aus Ton gelagert, deren Wände mit Harz abgedichtet waren, und war schon zu Archestratos' Lebzeiten ein Exportschlager: Der besonders gute Wein aus Thasos, Lesbos und Chios war in ganz Griechenland bekannt und wurde von zahlreichen späteren Autoren gelobt.

Dem Wein, den Archestratos getrunken hat, entspricht am ehesten der Corvo aus Sizilien als Weißwein und als Rotwein der Chateau Musar aus dem Libanon oder auch der Aglianico del Vulture. Für den Lesboswein bietet ein Muscat aus Samos einen guten Ersatz als Dessertwein.

Folgende Weine aus Deutschland eignen sich perfekt als Begleitung zu Archestratos' Rezepten: der Pithium Geheimer Rat Dr. von Bassermann-Jordan, Amphore Schlossgut Hohenbeilstein und der Sine Weingut Aldinger.

Zeichnungen zweier unterschiedlicher Kratertypen:
ein Volutenkrater (links), ein Kelchkrater (rechts).

Ein vernünftiges *deipnon*

Archestratos hält nichts von ausgefallenen Tischgesellschaften:

„Alle sollten an einem einzigen Tisch speisen, der für ein elegantes Mahl gedeckt ist. Insgesamt sollten es drei oder vier Gäste sein, auf keinen Fall mehr als fünf. Sonst wäre es ein Zelt voller Soldaten, Söldner und Lebensmittelplünderer."

// **Frg. 61**

Dies erscheint uns etwas unüblich, da alle Speisenden für gewöhnlich auf Klinen liegen und eigene Tische haben, die mit dem Essen bereits auf ihnen angerichtet zu ihnen gebracht werden, und aufgrund der Tatsache, dass viele Speisezimmer für mehr als neun Liegen Platz haben. Archestratos' Vorstellungen entsprechen genau dem, worunter man ein tolles Festessen versteht: ein ansprechend gedeckter Tisch in einem geschmückten Zimmer mit wenigen Gästen, damit man auch die Möglichkeit hat, sich mit jedem zu unterhalten.

Ἀεὶ δὲ στεφάνοισι κάρα παρὰ δαῖτα πυκάζου
παντοδαποῖς, οἷς ἂν γαίας πέδον ὄλβιον ἀνθῇ,
καὶ στακτοῖσι μύροις ἀγαθοῖς χαίτην θεράπευε
καὶ σμύρναν λίβανόν τε πυρὸς μαλακὴν ἐπὶ τέφραν
βάλλε πανημέριος, Συρίης εὐώδεα καρπόν.
Ἐμπίνοντι δέ σοι φερέτω τοιόνδε τράγημα.
Τῶν δὲ Συρακοσίων τούτων ἀμέλησον,
οἵ πίνουσι μόνον βατράχων τρόπον οὐδὲν ἔδοντες.
Ἀλλὰ σὺ μὴ πείθου κείνοις, ἃ δ´ ἐγὼ λέγω ἔσθε
βρωτά.

„Schmücke dein Haupt mit allerlei Girlanden beim Fest, mit allem, was der fruchtbare Boden der Erde zum Blühen bringt, schmücke dein Haar mit feinen Parfums und wirf Myrrhe und Weihrauch auf die weiße Asche, die duftende Frucht Syriens. Und während du trinkst, lass dir diese leckeren Gerichte bringen. Hab nichts mit jenen Syrakusern zu tun, die nur wie Frösche trinken und nichts essen. Nein, lasst euch nicht von ihnen täuschen, sondern esst die Speisen, die ich vorstelle."

// **Frg. 62**

Drei Männer werden beim Symposion von einer Flötenspielerin unterhalten. Attisch rotfiguriges Weinmischgefäß, um 430 v. Chr. München, Staatliche Antikensammlungen und Glyptothek.

Hinweise zur Zubereitung

„Lass keinen Syrakuser oder Italiener an den Fisch, die wissen nicht, wie man guten Fisch zubereitet, sie ruinieren ihn, indem sie auf alles Käse tun und Essig und Silphiumgurke draufstreuen!“

// Frg. 45

Der Fisch soll einfach zubereitet werden: Er wird mit leichten Gewürzen und Öl gekocht oder gebraten. Sein persönlicher Geschmack geht nicht durch kräftige Saucen und/oder scharfe Kräuter verloren. Es kommt darauf an, das authentische Aroma des frischen Produkts, das am rechten Ort zur rechten Jahreszeit gewählt wurde, herauszuarbeiten. Dazu braucht es nur wenige Gewürze. Bekommt man hingegen nur minderwertigen Fisch oder ihn auf dem Markt angedreht, ist gegen eine Soße aus Käse nichts einzuwenden.

Auch wenn dies so scheint, widmen sich die Rezepte nicht nur der Zubereitung von Gourmet-Lebensmitteln, sondern auch – in den Fragmenten 9, 10, 14, 40 und 52 – von Speisen, die sich jeder zubereiten kann.

Die Speisen sind in mundgerechten Portionen auf dem Teller zu präsentieren, damit sie bequem mit einer Hand gegessen werden können. Zu allen Gerichten wird Brot gereicht – gerade bei weichem Fisch braucht man etwas, auf dem man essen kann.

Die Rezeptangaben beziehen sich auf vier Portionen.

Zeichnung einer Bauchhenkelamphora mit fiktiver Szene: Archestratos auf der Flucht vor den Essensgewohnheiten der Italiener.

Rezepte

Die Abfolge der Gerichte

Die Reihenfolge der Rezepte entspricht der Speisenabfolge beim Symposion: Zunächst werden allen Gästen Gersten- und Weizenbrote serviert, die, mit einer großen Auswahl an Vorspeisen, den Appetit auf das weitere Essen anregen. Danach folgen ein Fleischgericht sowie meist zwei Fischgerichte, bevor ein zartes Geflügelgericht den Höhepunkt der Hauptspeisen bildet. Abgerundet wird das Essen mit Wein und dazu gereichten getrockneten Früchten, Hülsenfrüchten oder Nüssen.

Um also ein authentisches Symposion nachkochen zu können, nehme man zum Brotrezept so viele Vorspeisen freier Wahl, ein Fleischgericht, zwei Fischgerichte sowie einen kleinen Snack, der gut zum Wein passt.

Zwei Männer beim Symposion. Attisch rotfigurige Trinkschale, 483 v. Chr. München, Staatliche Antikensammlungen und Glyptothek.

Weißes Gerstenbrot aus Lesbos

„Die beste der Gaben, die die Menschen der schönhaarigen Demeter zu danken haben, die schönste von allen, reichlich umhüllt von schönen, reifen Ähren, das ist die Gerste von dem meerumspülten Hügel der berühmten Stadt Eresos auf Lesbos – weißer als Schnee, der vom Himmel fällt. Wenn die Götter Gerste äßen, Hermes müsste sie dort kaufen. Nimm eine thessalische Semmel aus gut durchmischtem und mit der Hand wohlgeknetetem Teig. In Thessalien nennen sie es ‚Krümelbrot'."

// **Frg. 4**

Zutaten

250 g fein gemahlenes Gerstenmehl
150 ml Wasser
½ TL Meersalz
30 ml Olivenöl
Petersilie

1 Mehl, Salz, Wasser und Olivenöl zu einem homogenen Teig kneten, diesen anschließend für eine halbe Stunde abgedeckt ruhen lassen.

2 Den Teig vierteln und auf 2 bis 3 mm ausrollen.

3 Etwas Olivenöl in der Pfanne erhitzen und jedes Brot bei mittlerer Hitze von jeder Seite ungefähr 4 Minuten backen.

4 Mit Olivenöl und frischer Petersilie verfeinern.

Fladenbrot aus Athen

„Ich empfehle den in Athen gebotenen Fladen. Wenn du dort keinen bekommen kannst, besorge ihn woanders.“

// **Frg. 62**

Zutaten

200 g fein gemahlenes Gerstenmehl
75 g Wasser
30 g Hefe
50 ml Olivenöl
5 g Salz

1 Mehl, Salz, Wasser, Hefe und Olivenöl zu einem homogenen Teig kneten, diesen anschließend für eine halbe Stunde abgedeckt ruhen lassen.

2 In handliche Stücke aufteilen und den Teig 5 mm dick ausrollen.

3 Den Fladen bei 200 °C Umluft 10 Minuten backen.

4 Mit Olivenöl und Kräutern bestreuen.

Gerstengrütze auf phönizische Art

„Hole dir einen Sklaven aus Phönizien oder Lydien in dein Haus, einen Mann, der weiß, wie man täglich alle Arten von Brotprodukten herstellt, was auch immer du bestellst."

// **Frg. 5**

Zutaten

100 g Gerstenflocken
400 ml Milch oder Wasser
1 TL Honig
100 g Trauben oder Äpfel

1 Gerstenflocken mit Wasser / Milch in einen Topf geben, aufkochen und bei niedriger Hitze 5 bis 10 Minuten solange köcheln lassen, bis ein cremiger Porridge entsteht. Den Honig unterrühren.

2 Die Trauben / Äpfel zerschneiden und hinzugeben.

TIPP

Die Gerstengrütze kann entweder sofort warm oder getrocknet, anschließend in Stücke gebrochen, unterwegs gegessen werden.

Essiggericht aus Zwiebeln und Pflanzenstielen

„Essiggerichte aus Zwiebeln und Pflanzenstielen und allen anderen Beilagen."

// **Frg. 6**

Zutaten

250 g Kapern / Zwiebeln
150 ml Essig
2 Pfefferkörner
4 EL Olivenöl
150 ml Wasser
1 TL Meersalz

1 Kapern / Zwiebeln gründlich waschen. Wasser mit Essig sowie Salz und den Pfefferkörnern in einem kleinen Topf aufkochen.

2 Die Kapern / Zwiebeln mit dem Sud in saubere und sterilisierte Einmachgläser füllen.

3 Öl darüber gießen, bis die Kapern / Zwiebeln komplett bedeckt sind. Gläser verschließen und mindestens zehn Tage an einem kühlen Ort stehen lassen.

Eingelegte Artischocken

Zutaten

20 Artischocken
1 EL Salz
1 EL Honig
10 ml Essig
2 EL Rosmarin
2 EL Thymian
1 TL Pfefferkörner
500 ml Olivenöl

1 Die Knospen zerschneiden, die Stiele auf 6 bis 8 cm kürzen und dünn abschälen. In einer Schüssel mit Essig und Wasser bedecken.

2 In einem Topf 2 l Wasser mit 1 EL Salz und Honig aufkochen. Die Artischocken darin 20 Minuten kochen.

3 Die noch warmen Artischocken mit Rosmarin, Thymian und Pfefferkörnern in Gläser füllen, mit Olivenöl bedecken und fest verschließen.

4 Die Gläser bis knapp unter den Deckelrand in kochendes Wasser stellen und 15 Minuten leicht kochend sterilisieren, dann eine Woche lang ziehen lassen.

Eingelegte Oliven

Ῥυσαὶ (καὶ) δρυπεπεῖς παρακείσθωσάν σοι ἐλαῖαι.

„Lass sie dir runzlige und baumgereifte Oliven servieren."
// **Frg. 7**

Zutaten

2 kg frische Oliven
140 g Meersalz
Wasser
Olivenöl zum Aufgießen

1 Oliven waschen und abtropfen lassen. Damit sie schneller ihre Bitterstoffe verlieren, jede Olive mit einem Fleischklopfer leicht anschlagen, sodass sie an einer Seite aufplatzen, oder mit einem Küchenmesser an einer Seite anschneiden.

2 Für 8 bis 10 Tage in einer Schüssel mit viel Wasser wässern.

3 2 l Wasser mit Salz aufkochen und erkalten lassen, über die Oliven gießen, sodass sie bedeckt sind. 2 bis 3 Wochen in der Salzlösung stehen lassen.

Die Oliven bleiben 4 bis 5 Monate haltbar, wenn man sie mit Olivenöl bedeckt.

TIPP

Mit Brot und Schafskäse servieren.

Brot mit Oliven und Kichererbsen

Zutaten

800 g gekochte Kichererbsen
2 Knoblauchzehen
4 EL Olivenöl
½ TL Kreuzkümmel
1 TL Thymian

1 Knoblauch schälen, grob würfeln und mit den Kichererbsen in eine Schüssel geben. Zwei Drittel des Öls, Kreuzkümmel und Thymian zugeben.

2 Mit dem Stabmixer fein pürieren. Dabei so viel von dem restlichen Öl zugeben, bis eine cremige Masse entsteht.

3 Mit Salz und Pfeffer abschmecken. Den Humus mit dem übrigen Thymian bestreuen.

Zutaten

200 g Oliven
60 ml Rotweinessig
60 ml Olivenöl
2 TL Thymian
2 TL Oregano
2 TL Ysop

1 Oliven entkernen und kleinschneiden.

2 Die Kräuter hacken und zu den Oliven hinzugeben. Mischen und fein mixen.

Geschmorter Schweinebauch aus Thasos

Ἐμπίνοντι δέ σοι φερέτω τοιόνδε τράγημα,
γαστέρα καὶ μήτραν ἑφθὴν ὑὸς ἔν τε κυμίνῳ
ἔν τ´ ὄξει δριμεῖ καὶ σιλφίῳ.
Πούλυποι ἔν τε Θάσῳ καὶ Καρίᾳ εἰσὶν ἄριστοι.

*„Und während du trinkst, lass dir diese leckeren Gerichte bringen:
den Bauch und die gekochte Gebärmutter einer Sau in Kreuzkümmel.
Die besten kommen aus Thasos und Karien.“*

// **Frg. 62 und 53**

Zutaten

1 kg Schweinebauch
3 große Zwiebeln
¼ Sellerie, Stangensellerie
1 l Gemüsefond
100 ml Kalbsfond
Pfeffer
Kreuzkümmel
Lorbeerblätter
Thymian
Salz

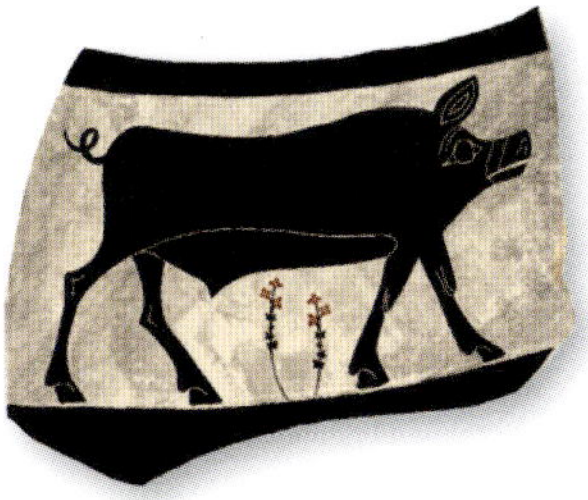

1 Zwiebeln schälen und in Achtel schneiden. Sellerie und Stangensellerie in grobe Würfel hacken.

2 In die Haut des Schweinebauchs feine Quadrate einritzen. Auf der Fleischseite salzen und mit Kreuzkümmel einreiben. Pfefferkörner, Thymian und drei Lorbeerblätter hinzufügen und mit der Hautseite nach oben in einen Bräter auf das geschnittene Gemüse legen. 24 Stunden marinieren.

3 Den Geflügelfond / Bouillon und Kalbsfond hinzufügen, dieser muss bis zur Hautunterkante reichen. Bei 120 °C zugedeckt 4 bis 5 Stunden garen. Auskühlen lassen.

4 Bei 120 °C 30 Minuten ohne Deckel die Haut trocknen lassen. Zuletzt den Ofen auf Grillfunktion umschalten, um die Haut knusprig zu bekommen oder in einer Pfanne in heißem Öl ausbacken.

5 Den Fond abgießen und die Sauce auf die gewünschte Dicke reduzieren.

Brasse aus Karthago

„Gebratene Brasse von der Küste Karthagos: Die musst du zunächst gut wässern. Du wirst allerdings auch in Byzanz eine wohlschmeckende große Brasse vom Umfang eines Rundschilds finden. Verfahre damit folgendermaßen: Wenn du sie rings mit Käse und Öl ummantelt hast, hänge sie in einen tönernen Ofen und brate sie gut durch. Beträufle sie mit einer Mischung aus Kreuzkümmel, Salz und graugrünem Öl. Gib reichlich von dieser himmlischen Flüssigkeit hinzu."

// **Frg. 13**

Zutaten

1 Seebrasse von etwa 1,5 kg
250 g Pecorino Romano
5 EL Olivenöl
1 TL Salz
1 TL Kreuzkümmel

1 Dem gesäuberten und sorgfältig geschuppten Fisch Kopf und Flossen abschneiden.

2 Den Käse zerbröseln und mit dem Öl zu einer glatten Masse rühren.

3 Den Fisch auf beiden Seiten komplett mit der Käsemasse bedecken und auf einem mit Backpapier ausgelegtem Backblech in den auf 220 °C vorgeheizten Ofen schieben. 10 bis 15 Minuten backen, danach wenden und nochmal 10 bis 15 Minuten backen.

4 Aus dem Ofen nehmen, Salz und Kreuzkümmel auf die Kruste streuen und mit 1 TL Olivenöl beträufeln.

Zeichnung eines Fischtellers in Anlehnung an einen apulischen Fischteller, Dm. 23 cm, 4. Jh. v. Chr. Heidelberg, Antikenmuseum der Universität Heidelberg.

Schritt 1

Schritt 2

Schritt 3

Garnelen aus Iasos nahe dem heutigen Milas (Türkei)

„Wenn du jemals nach Iasos, der Stadt der Karer, kommst, kaufe Garnelen, aber sie sind selten zu kaufen, während es in Mazedonien und Ambrakia viele gibt."

// **Frg. 25**

Zutaten

12 gekochte und geschälte Garnelen
1 Granatapfel
2 Äpfel
2 Birnen
Feldsalat
2 EL Honig

1 Das Obst in Scheiben schneiden und die Kerne aus dem Granatapfel auslösen.

2 Das Obst auf dem Teller drapieren und darüber den Feldsalat legen.

3 Anschließend die Garnelen gleichmäßig auf dem Salat verteilen und mit Honig glasieren.

Fuchsfisch und Dornhai aus Rhodos

„Auf Rhodos sind der Fuchsfisch und der Dornhai die allerbesten. Ich rate jedem, der nicht in der Lage ist, den Fisch zu kaufen, zum Diebstahl. Und selbst wenn du dein Leben riskierst, wenn sie sich weigern, ihn dir zu verkaufen, ergreife ihn. Das ist der Fisch, den man in Syrakus ‚fetten Hund' nennt."

// **Frg. 21**

Zutaten

500 g grüne Bohnen
600 g Seezungenfilet
4 Äpfel
1 Zwiebel
Petersilie
2 EL Olivenöl
Salz

1 Die Bohnen waschen, putzen und zugedeckt in wenig Salzwasser 5 bis 10 Minuten garen.

2 Die Äpfel vierteln und die Zwiebeln kleinschneiden.

3 Den Fisch in der Pfanne mit den Zwiebeln und etwas Olivenöl circa 8 Minuten garen.

4 Gegen Ende die Äpfel dazugeben und leicht anbraten.

5 Die Bohnen durch ein Sieb abgießen und abtropfen lassen, die gehackte Petersilie hinzugeben und zusammen mit dem Fischfilet servieren.

Thunfisch aus Byzanz mit Gemüsepüree

„Nimm den Schwanz des weiblichen Thunfischs – und ich spreche von dem großen weiblichen Thunfisch, dessen Mutterstadt Byzanz ist. Dann in Scheiben schneiden und alles richtig backen. Leicht mit Salz bestreuen und mit Öl bestreichen.“

// **Frg. 37 und 33**

Zutaten

2 Thunfischsteaks
Salz
1 Sellerieknolle
150 ml Weißwein
30 ml Traubensaft
15 ml Olivenöl
2 TL Oregano
Feldsalat

1 Sellerie schälen, waschen und in kleine Würfel schneiden. Selleriewürfel mit dem Weißwein und Traubensaft in einen Topf geben, erhitzen und für 15 bis 18 Minuten bei geringer Hitze köcheln lassen. Gelegentlich umrühren.

2 Olivenöl kurz vor Ende der Garzeit dazugeben und einrühren.

3 Hitze abstellen und den Sellerie mit einem Kartoffelstampfer zu einem Püree zerdrücken. Mit Oregano abschmecken.

4 Thunfischsteaks mit Olivenöl und Salz würzen. In einer Pfanne von beiden Seiten scharf anbraten.

5 Dazu Feldsalat servieren.

Thunfischverkäufer auf dem Fischmarkt.
Krater, 4. Jh. v. Chr. Cefalù, Museo Mandralisca.

Thunfischspieße aus Hipponium (Italien)

„Im Sommer musst du die angebotenen Stücke des Fisches schnell kaufen, ohne über den Preis zu verhandeln. Er ist gut aus Byzanz und Karystos, aber auf der berühmten Insel Sizilien züchten sie besseren. Wenn du jemals nach Hipponium im heiligen Italien kommst, mache dich auf den Weg zum Wasser: Es gibt hier mit Abstand den besten von allen. Iss die Stücke heiß und tauche sie in eine scharfe, zerstampfte Soße. Wenn du ihn mit Essig beträufelt servierst, wird er ruiniert."

// Frg. 34 und 27

Zutaten

2 Thunfischsteaks
1 große Zwiebel
3 Knoblauchzehen
100 ml Weißwein
50 ml Olivenöl
2 TL Oregano
2 TL Thymian

1 Die Thunfischsteaks in mundgerechte Stücke schneiden und auf Holzspieße stecken.

2 Die Spieße scharf in etwas Öl anbraten.

3 Zwiebel und Knoblauch fein hacken. Mit Weißwein, Olivenöl und den Kräutern vermischen. Die Soße in einem Schälchen zu den Spießen reichen.

Knurrhahn aus Byzanz

ὅντινα χρή σε τρόπον κείνην διαθεῖναι ἄριστα,
ἐν συκῆς φύλλοις καὶ ὀριγάνῳ οὐ μάλα πολλῇ·
μὴ τυρόν, μὴ λῆρον· ἁπλῶς δ´ οὕτως θεραπεύσας
ἐν συκῆς φύλλοις σχοίνῳ κατάδησον ἄνωθεν,
εἶθ´ ὑπὸ θερμὴν ὦσον ἔσω σποδόν, ἐν φρεσὶ καιρὸν
γινώσκων ὁπότ´ ἔστ´ ὀπτή, καὶ μὴ κατακαύσῃς.
Ἔστω δ´ αὕτη σοι Βυζαντίου ἐξ ἐρατεινοῦ,
εἴπερ ἔχειν ἀγαθὴν ἐθέλεις, κἂν ἐγγὺς ἁλῷ που
τοῦδε τόπου, κεδνὴν λήψει· τηλοῦ δὲ θαλάσσης
Ἑλλησποντιάδος χείρων, κἂν κλεινὸν ἀμείψῃς.

„Am besten behandelst du den Fisch so:
Nimm frische Feigenblätter und ein wenig frischen Oregano,
keinen Käse, nichts Überflüssiges. Umhülle den Fisch hübsch mit den
Feigenblättern und binde sie mit einer Schnur fest,
dann bedecke ihn mit heißer Asche und achte auf die Zeit, lass ihn nicht
zu weich werden. Nimm den Knurrhahn aus Byzanz,
weil der besonders gut ist. Wenn du ihn aber irgendwo aus der Nähe
bekommst, ist es auch ganz in Ordnung. Je weiter weg von den
Dardanellen, desto schlechter wird er sein.“

// **Frg. 35**

Zutaten

2 Knurrhahnfilets
16 Feigen-/Weinblätter
Olivenöl
Salz
Oregano
200 ml Weißwein
200 ml Traubensaft

1. Den Knurrhahn in mittelgroße Stücke schneiden. Mit Salz, Olivenöl und Oregano würzen.

2. Die Stücke in die Feigen-/Weinblätter einschlagen und mit einem Faden fixieren.

3. Die Päckchen 7 bis 10 Minuten über leicht siedendem Wasser auf einem Gitter dämpfen.

4. Den Weißwein und den Traubensaft in einen Topf geben und solange kochen, bis der Sud auf die gewünschte Konsistenz reduziert ist. Diesen zu den mit Fisch gefüllten Blättern servieren.

Gebratene Vögel aus Syrakus

„Und während du trinkst, lass dir diese leckeren Gerichte bringen: die zarten, gebratenen Vögel, was auch immer in der Saison sein mag."

// Frg. 62

Zutaten

2 Stubenküken
Thymian
Oregano
Salz
Pfeffer
Olivenöl

1 Den Ofen auf 220 °C Heißluft vorheizen.

2 Stubenküken von innen und außen mit kaltem Wasser abspülen und trocken tupfen.

3 Nach Belieben Thymian vom Zweig zupfen und hacken, ebenso Oregano. Alles vermengen und mit Salz und Pfeffer abschmecken. Das Stubenküken damit füllen, innen würzen und mit Küchengarn zusammenbinden.

4 Stubenküken außen von allen Seiten gut salzen und pfeffern.

5 Vorerst auf ein kleines Stück Backpapier (damit es nicht am Ofengitter anbackt) setzen und in der Mitte des Ofens auf ein Gitter legen.

6 Für 35 bis 40 Minuten garen. Nach 15 Minuten das Backpapier entfernen. Das Stubenküken nun regelmäßig von allen Seiten mit Olivenöl bepinseln.

7 Nach der Garzeit aus dem Ofen nehmen. Das Küchengarn entfernen.

Getrocknete Feigen und Trauben mit attischem Honig

„Iss die Speisen, die ich vorstelle: gekochte Kichererbsen, Bohnen, Trauben und getrocknete Feigen. Suche nach attischem Honig, denn er ist es, den die Stadt Athen stolz zur Schau stellt. So sollte ein freier Mann essen."

// **Frg. 62**

Zutaten

10 Feigen
1 Traubenrebe
2 TL Honig

1 Den Backofen auf 60 bis 70 °C Umluft vorheizen.

2 Die Feigen und Trauben waschen, trocken tupfen und auf ein mit Backpapier belegtes Backblech in den vorgeheizten Ofen schieben. Die Backofentür sollte einen Spalt offen bleiben, damit die Luft besser zirkulieren kann.

3 Das Trocknen des Obsts kann einige Stunden dauern, dabei immer ab und zu einmal nachsehen und gegebenenfalls die Bleche tauschen.

4 Die fertig getrockneten Feigen / Trauben mit Honig glasieren.

Geröstete Kichererbsen

Zutaten

400 g gekochte Kichererbsen
2 TL Oregano
1 TL Salz
1 TL Olivenöl

1 Die Kichererbsen mit Oregano und Olivenöl vermengen.

2 Im Backofen bei 150 °C Umluft 30 bis 40 Minuten knusprig backen.

3 Anschließend mit Salz würzen.

Δαιτὸς ὄνησο.

Literatur

Andrew Dalby / Sally Grainger: The Classical Cookbook. 2012.

Shaun Hill: Archestratus. Fragments from the Life of Luxury.
Übersetzt von John Wilkins. 2011.

Ilias. Prachtband im Schuber mit Illustrationen von Anton Christian.
Übersetzt von Kurt Steinmann, mit einem Nachwort von
Jan Philipp Reemtsma. 2017.

Bildnachweis

Trotz sorgfältiger und intensiver Recherche war es nicht in allen Fällen möglich, die Urheberrechte zu ermitteln. Wir danken für jeden Hinweis, sollten Fehler enthalten sowie Rechtsansprüche Dritter unberücksichtigt geblieben sein.

AKG images: S. 12, 15–16, 49

T. Kamp: S. 1, 4–5, 8, 10, 13 oben, 14, 17, 21–22, 25, 27, 28 unten, 29, 31, 32 unten, 33, 34 unten, 37, 39, 41, 45, 51, 52 unten, 53–54, 55 unten, 56 unten, 59, 60 unten, 61–63, 64 unten

F. Repper: S. 7, 24, 26, 28 oben, 30, 32 oben, 34 oben, 36, 38, 40, 42–44, 46, 48, 50, 52 oben, 55 oben, 56 oben, 58, 60 oben

Dr. U. Repper: S. 64 oben

Staatliche Antikensammlungen und Glyptothek München: S. 13 unten, 19, 23

Über den Autor

Fabian Repper, 2004 in München geboren, überzeugte bereits 2014 mit seiner Kurzgeschichte die Jury des 12. Münchner Kinder-Krimipreises. Seine Leidenschaft zum Kochen und Backen sowie für die Rezepte verschiedener Kochkulturen begleitet ihn seit vielen Jahren. Zusammen mit seinem Interesse an der römischen und griechischen Antike entsteht dieses Buch.
„Archestratos empfiehlt. Rezepte seiner kulinarischen Reise entlang der Mittelmeerküste im 4. Jh. v. Chr." gewann im Oktober 2022 den Hauptpreis des Pegalogos-Wettbewerbs. Nach dem Abitur an einem humanistischen Gymnasium, unter anderem im Fach Altgriechisch, studiert er in München.

Zeichnung eines Fischtellers in Anlehnung an ein kampanisches Original. Capua, Museo Provincial Campano.